난문쾌답

OHMAE KENICHI
DOSATSURYOKU NO GENTEN PROFESSIONAL NI OKURU KOTOBA
by Kenichi Ohmae
Copyright © 2011 by Kenichi Ohmae. All rights reserved.
Originally published in Japan by Nikkei Business Publications, Inc.

이 책의 한국어판 저작권은 대니홍 에이전시를 통한 저작권사와의 독점 계약으로 넥스트웨이브미디어(주)에 있습니다. 신저작권법에 의해 한국 내에서 보호를 받는 저작물이므로 무단전재와 복제를 금합니다.

답이 없는 시대 필요한 것들
난문쾌답

초판 1쇄 인쇄 2012년 2월 20일
초판 7쇄 발행 2023년 9월 8일

지은이 오마에 겐이치
옮긴이 홍성민
펴낸이 유정연

이사 김귀분
기획편집 신성식 조현주 유리슬아 서옥수 황서연 **디자인** 안수진 기경란
마케팅 반지영 박중혁 하유정 **제작** 임정호 **경영지원** 박소영

펴낸곳 흐름출판(주) **출판등록** 제313-2003-199호(2003년 5월 28일)
주소 서울시 마포구 월드컵북로5길 48-9(서교동)
전화 (02)325-4944 **팩스** (02)325-4945 **이메일** book@hbooks.co.kr
홈페이지 http://www.hbooks.co.kr **블로그** blog.naver.com/nextwave7
출력·인쇄·제본 (주)상지사 **용지** 월드페이퍼(주) **후가공** (주)이지앤비(특허 제10-1081185호)

ISBN 978-89-6596-022-5 03320

- 이 책은 저작권법에 따라 보호를 받는 저작물이므로 무단 전재와 복제를 금지하며, 이 책 내용의 전부 또는 일부를 사용하려면 반드시 저작권자와 흐름출판의 서면 동의를 받아야 합니다.
- 흐름출판은 독자 여러분의 투고를 기다리고 있습니다. 원고가 있으신 분은 book@hbooks.co.kr로 간단한 개요와 취지, 연락처 등을 보내주세요. 머뭇거리지 말고 문을 두드리세요.
- 파손된 책은 구입하신 서점에서 교환해 드리며 책값은 뒤표지에 있습니다.

답이 없는 시대 필요한 것들

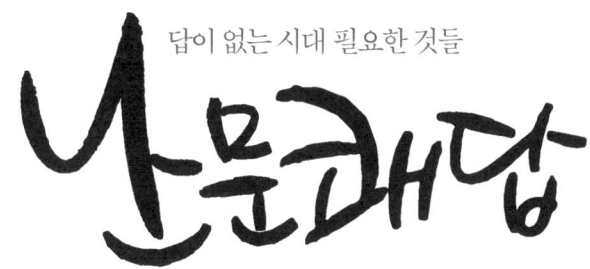
난문쾌답

오마에 겐이치 지음 ― 홍성민 옮김

흐름출판

이 책에 대하여

내가 책을 쓴 지도 그럭저럭 40년이 되어간다. 공저를 포함하면 이제껏 저술한 책이 100권이 넘는다. 이 책 속에 수록된 글들은 나의 주요 저서에서 선별한 것들이다. 자신의 일과 인생에서 '주인'이 되고자 하는 사람들을 위한 메시지이며, 통찰에 도움이 될 만한 조언들이다.

2010년 3월, 내가 경영하는 비즈니스 브레이크스루$^{Business\ Breakthrouth}$의 직원이 트위터 계정 오마에봇(@ohmaebot)을 만든 것이 이 책의 시작이었다. 트위터에 소개한 글이 호평을 얻으면서 순식간에 팔로워가 수만 명으로 늘어났다. 한 출판사 편집자는 유명 경영자들의 팔로잉 리스트에서 '오마에봇'을 발견하고서 나의 글을 바탕으로 한 권의 책을 만들자는 제안을 해왔다.

트위터와 같은 SNS에서는 실시간으로 사람들의 반응을 파악할 수 있다. 나는 그들의 반응을 참고해 나의 저서들 가운데서 도움이 될 만한 글들을 선별했다. 그렇게 나의 생각을 망라하고 체계적으로 정리한 것이 이 책이다.

이제까지 집필한 책들에 나타나듯, 나의 생각과 행동과 삶은 일관성을 지닌다. 그 때문에 비슷한 취지의 글들이 여러 책이나 잡지에 실려 있기도 하다. 그래서 이 말은 '언제 했다' 하고 출전을 정확히 밝히는 것이 힘들었지만 현시점에서 알 수 있는 것들은 모두 출전을 표기했다.

글을 통해 독자들은 내가 현실에서 벌어지는 일들을 어떻게 음미했는지 그리고 어떠한 결론을 이끌어냈는지 알 수 있을 것이다. 사람은 마음속의 이상과 일치하는 말을 들었을 때 용기를 낸다. 무언가를 모색할 때는 더욱 그렇다. 이 책 속의 글들이 누군가에게 그런 용기를 줄 수 있다면 더 바랄 나위가 없겠다.

2012년 2월 오마에 겐이치

글을 시작하며

스스로 생각하는 사람이 강하다!

|답은 자신의 머리로 생각하는 것|

말은 어떻게 받아들이냐에 따라 약이 될 수도 있고 독이 될 수도 있다. 또한 사고를 왜곡시키는 편견을 없애기란 매우 힘들기 때문에, 약이 되는 진실한 말이라 해도 그것을 순순히 인정하고 받아들이기란 쉽지 않다. 그러나 편견의 벽을 뛰어넘는다면 새로운 세상을 볼 수 있다. 내가 바로 그 증거다.

MIT 대학원에서 유학하던 시절, 한 교수가 내 인생에 지침이 될 만한 한마디를 건네주었다.

어느 날, 교수는 나를 연구실로 불러 문제 하나를 내주며

내 의견을 듣고 싶다고 했다. 나는 도서관에 가서 조사하겠다고 답했더니 그는 화를 내며 안 된다고 했다.

"스스로 생각해보게. 지금 이 연구실에 있는 자네와 내가 이 문제를 풀지 못한다면 다른 사람 역시 문제를 해결할 수 없네. 자네도 나도 기본원리는 알고 있지 않은가? 그러니 가장 잘 풀 수 있는 방법도 알아낼 수 있네. 다른 사람을 쳐다볼 필요는 없네. 자, 혼자 풀어보지 않겠나? 분필은 여기 있네." (《세계 경제는 국경이 없다》 중)

나는 의지가 강하고 논리적으로 사고할 줄 아는 사람이라 자부했지만, 일본에서 공부하던 시기에는 모든 답이 도서관에 있다고 가르치는 주입식 교육에 물들어 있었던 것이다. MIT의 교수는 그러한 내 태도를 나무라며 "답은 자신의 머리로 생각하는 것"이라고 단언했다.

순간 나는 당혹스러웠지만, 따지고 보면 평소 나의 신념과도 일치하는 것이었기에 그 한마디는 뇌리에서 오랫동안 떠나지 않았다. 교수가 당연스레 한 말이 나에게는 신의 계시처럼 들렸던 것이다.

그 후 나는 교수와 함께 아는 것과 모르는 것을 칠판에 쓰고, 증명해야 할 것들을 정리하며 토론을 했다. 그러한 과정을 통해 사고가 발전하고 좋은 아이디어도 떠올랐다. 문헌을 조사할 필요가 있다고 해도 우선은 자기 힘으로 문제를 해결하려는 자세가 얼마나 중요한지 깨닫게 된 소중한 경험이다.

|죽은 지식과 산 지식|

그때 내가 '뭐든 도서관에서 조사해보는 것이 빠르다'는 생각에서 벗어나지 못했다면 그 후 어떤 인생을 살았을까? 상아탑에 틀어박혀 죽은 지식을 연구하거나, 화석처럼 굳어버린 경영자가 되었을지 모른다. 나는 결코 그리되고 싶지 않았다. 호기심을 가지고 하고 싶은 일을 하며 살고 싶었다.

단언하건데 도서관에 있는 지식은 이 세상의 현실과는 거리가 멀다. 그 사실을 인정하지 않는 사람은 위의 MIT 교수가 조언을 했을지라도 자기 힘으로 생각하지 않고 도서관으로 달려가 자신을 발전시킬 기회를 잃었을 것이다.

나의 정신은 기본적으로 사실을 존중한다. 그것만큼은 갈릴레오나 코페르니쿠스에게도 뒤지지 않으리라 믿는다. 사실을 바탕으로 모두가 믿어 의심치 않던 천동설에 이의를 제기하며 지동설을 지지한 위대한 과학자와 나를 비교하는 것 자체가 불손한 행위일 수도 있다. 하지만 나는 답하기 힘든 문제에 부딪쳤을 때 나 자신을 믿고 나름의 결과를 찾으며 살아왔다고 자신한다. 남의 의견을 신경 쓰거나 누가 답을 알려주기를 기다리는 수동적인 태도를 취하지 않은 것을 긍지로 여긴다. 다른 사람의 말을 그대로 받아들이지 않고 항상 세상의 상식에 의문을 가지려 했다. 물론 궁리 끝에 남의 말이 신뢰할 만하다는 결론을 얻으면 그 즉시 수용하고 그 말의 의미를 확대 · 재생산했다. 본질을 꿰뚫는 말, 진리를 깨닫게 해주는 말은 인류가 공유할 재산이므로 모두에게 알려야 한다고 생각하기 때문이다.

답이 없는 시대를 이길 유일한 지혜

이 세상 어디에서 일하건 사업과 관련된 사람은 몇 가지로 분류할 수 있다. 도전하는 사람, 벽에 부딪친 사람, 호조에 들뜬 사람, 막중한 책임 때문에 주저하는 사람, 그리고 좌절하는 사람······.

어떤 상황에서든 자기 힘으로 앞으로 나아가기를 포기해서는 안 된다. 지금 당장 힘들고 작은 실패를 경험하더라도 스스로 생각하고 행동한다면 답이 없는 이 시대에 어떻게 살아가야 할지, 길이 없는 데서 어떻게 빠져나가야 할지 그 방법을 알 수 있다. 정글에서도 비포장도로에서도 전력으로 질주할 수 있는 것이다.

사고를 멈추지 않는 것이 중요하다. 스스로 문제를 설정하고 답을 찾는 연습을 해야 한다. 그것은 어려운 일이 아니다. 특별한 재능도 필요치 않다. 일을 하다 보면 누구나 순간적으로 '어떻게 해야 할까' 하는 의문에 사로잡힌다. '나중에 하자' '다른 사람에게 물어보자'라고 생각한다면 지적으로 태만한 것이다.

예를 들어 '손님을 늘리려면 어떻게 해야 할까'라는 물음에 답을 얻으려면 손님으로 북적이는 가게나 많은 사람에게 사랑 받은 히트 상품을 골라 연구해야 한다. 답이 쉽게 보일 리 없고 어떤 답이 옳다고 단정하기도 힘들지만 포기하지 않고 검증을 반복하면 자기만의 결론을 얻을 수 있다.

이러한 사고와 행동을 가능하게 하는 것이 바로 '통찰력'이다. 두뇌를 최대한으로 회전시켜 논리적인 사고를 계속하면 미처 생각지 못한 견해나 간과한 사실, 잘못된 행동을 발견하게 되는데 그때가 바로 기회다.

급격한 외부적 변화가 일과 삶에 영향을 미치는 시대다. 중심을 잡고 싶다면 통찰력을 무기로 스스로 생각하고 사유하자. 그것이 답이 없는 시대를 이길 유일한 지혜다.

차례

이 책에 대하여 • 004
글을 시작하며 스스로 생각하는 사람이 강하다! • 006

1장 답이 없는 시대를 살아가기 위해 • 015

2장 스스로 생각하라 • 033

3장 빨리 버릴수록 좋은 습관 • 071

4장 다름이 변화를 낳는다 • 091

5장 무엇을 모르는지 끊임없이 물어라 • 109

6장 생각하기를 멈추지 말라 • 131

7장 무엇을 무기로 싸울 것인가 • 145

8장 어떻게 리드할 것인가 • 159

9장 지적으로 부지런한가 나태한가 • 173

10장 정신이 흐트러지면 진다 • 193

11장 나무 위에 올라 숲을 보라 • 209

12장 변화를 읽는다는 것 • 227

13장 더 나은 사회를 내다보다 • 243

참고자료 • 267

1

답이 없는 시대를 살아가기 위해

Ohmae Kenichi Sayings_

똑같다면 버린다

'남들과 똑같으면 된다'는 안일한 생각을 버리는 순간 두뇌 회전이 시작된다. 매우 어려운 일이지만 일주일, 한 달, 일 년 동안 계속해 노력하면 스스로 생각하는 습관이 생기고 생각하는 힘도 늘어난다.

《THE21》 2009년 5월

모르는 상태를 견딘다

무엇이 옳은 것인지 모르는 상태를 참고 견디며 도전하다 보면 결국 답을 찾게 된다. 아무도 답을 모르는 문제나 사건에 대해 스스로 가설을 세우고 입증해내는 '용기'와 '집요함'. 이것이 21세기를 살아가는 개인과 집단에게 가장 필요한 능력이다.

《오마에의 두뇌》

스스로 답을 찾는다

누군가로부터 답을 구하는 데 익숙한 사람보다 자신을 믿고 스스로 답을 찾는 사람의 생명력이 강하다.

《돈 잘 버는 사람은 머리를 어떻게 쓸까》

최대의 적

언제 어디서나 최대의 적은 자기 자신이다.

《프로페셔널의 4가지 조건》

꾸준함이 이긴다

경영에도 '커닝'이 존재하기에 무엇을 알든 배우든 나만의 것이 될 수는 없다. 똑같은 답을 얻었다 해도 꾸준하게 노력하는 자만이 승리할 수 있다.

《샐러리맨 '재기동' 매뉴얼》

고민할 시간에 행동하라

고민할 시간에 행동하라. 결과가 좋다면 다행이고 그렇지 않더라도 문제가 무엇인지 알아낼 수 있으니 해 될 것이 없다. 문제를 해결하기 위해 자신이 할 수 있는 일을 최우선으로 생각하라. 그러면 더욱 현명하게 행동할 수 있다.

《글로벌 프로페셔널》

운명은 중요치 않다

자신에게 닥친 문제를 그저 운명에 맡겨버리는 사람이 있다. 운에 기대는 것은 어리석다. 문제를 대하는 자세와 방법이 무엇보다 중요하다.

《기업참모》,《신장판 기업참모》

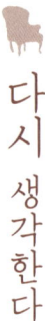

다시 생각한다

잘못을 깨달았으면 새로운 가설을 세우고 처음부터 다시 생각해야 한다. '지적으로 게으른' 사람은 모든 것을 다시 시작할 수 있는 백지 상태로 돌아갈 수 없다. 실패를 두려워하기 때문에 잘못을 인정하지도 못한다. '지적으로 부지런한' 사람은 자신의 잘못을 솔직하게 인정한다.

《프로페셔널의 4가지 조건》

누군가로부터 답을 구하는 데 익숙한 사람보다
자신을 믿고 스스로 답을 찾는 사람의 생명력이 강하다.

사로잡히지 않는 솔직한 마음

하나의 시점을 고집하는 선입관을 버리고 객관을 유지하는 것이 중요하다. 진실을 알아내기 위해서는, 마쓰시타 고노스케松下幸之助* 가 말한 "어디에도 사로잡히지 않는 솔직한 마음"이 필요하다.

《샐러리맨 '재기동' 매뉴얼》

* 마쓰시타 그룹의 창업주

인정하면 쉽다

어떠한 사실을 알았다면 그것을 존중하고 솔직히 인정하면 된다. 그렇지 않으면 사물의 본질을 파악할 수 없고 올바른 해결책을 알아낼 수 없다.

《돈 잘 버는 사람은 머리를 어떻게 쓸까?》

미래를 예측한다

어떠한 힘이 일시적인가, 지속적인가. 그것은 어떻게 발생하였는가. 지속적인 힘이라면 앞으로 더욱 강해질 것인가, 약화될 것인가. 벡터는 일정한가, 변화하는가. 이 모두를 고려해서 미래에는 어떠한 변화가 일어날지 생각해본다. 이러한 논리적 통찰을 반복하면 미래를 예측할 수 있다. 통찰력은 예언, 직감, 영감과는 달리 누구나 익힐 수 있다.

《Think!》 2009 No.30

집요한 질문

우리는 평범한 인간일 뿐이지만 위대한 발명가와 마찬가지로 어떠한 문제에 대해 정확하고 핵심적인 질문을 던질 수 있다. 이러한 질문들을 집요할 정도로 계속계속 반복한다면, 기업 간의 경쟁에서 퀀텀점프$^{Quantum\ Jump}$•를 이뤄낼 수 있다.

《기업 경영과 전략적 사고》

• 물리학 용어로, 양자가 어떤 단계에서
  다음 단계로 급격히 도약하는 현상을 뜻한다.

무엇을 할 수 있는가

처음부터 '무엇을 할 수 없는가'를 생각하는 대신 '무엇을 할 수 있는가'를 생각한다. 그것이 문제 해결의 비법이다. 가능한 것을 불가능한 것으로 만드는 제약들을 하나씩 제거하기 위해 끊임없이 노력해야 한다.

《기업 경영과 전략적 사고》

미래의 인재

비즈니스 세계에서 뛰어난 인재란 매사를 스스로 분석하고, 생각하고, 새로운 일을 구상해 비즈니스에 적용하는 사람이다. 이러한 사람들은 논리적인 사고를 통해 현실을 해부하고 문제의 본질을 알아낸다. 그리고 근원적인 문제에 대한 해결책을 세운 후 책임을 갖고 행동한다. 기업, 아니 우리 모두에게 지금 절실히 필요한 것이 바로 이러한 인재다.

《NIKKEI BizTech》 No.007

2

스스로
생각하라

Ohmae Kenichi Sayings_

일단 부딪쳐본다

문제를 해결하는 사람과 해결하지 못하는 사람의 차이는 간단하다. 자신이 아직 경험하지 못한 일을 피하느냐, 아니면 일단 부딪쳐보느냐 바로 그 행동의 차이다. 처음부터 성공의 길을 알고 있는 사람은 없다.

《돈 잘 버는 사람은 머리를 어떻게 쓸까》

'그냥, 해서는 안 된다

"그냥 맥주" 하며 주문하는 사람들이 있다. 마시고 싶은 것을 주문해야지, "그냥 맥주"라니? 이런 말을 하는 사람은 집에 들어가면, '그냥' 텔레비전의 스위치를 켜고 시간을 흘려 보낼 것이다. 휴일에는 '그냥' 늘어지게 자고 텔레비전을 보면서 빈둥거릴 것이다. 인생의 마지막 순간에 '나는 진정 행복했다'라고 느끼고 싶다면 '그냥' 행동하지 말자.

《하프 타임》

하기 싫은 일

순간적으로 싫다고 느낀 일이라도 진지하게 몰두하다 보면 재미를 느끼게 되는 경우가 적지 않다. 표면적인 느낌만으로 '이건 싫다', '저건 싫다' 하다 보면 정말 할 일이 없어진다.

《Voice》 2002년 5월

일을 대하는 자세

주어진 일에 대해 불평하거나 다짜고짜 거부해서는 될 일도 안 된다. 모든 일에는 기회가 숨어 있다. 애써 하기 싫은 일을 하는 것인 만큼 반드시 노하우를 알아내겠다는 마음을 가져라.

《아사히신문》 2003년 3월 2일

재미있게 일한다

사실 재미있는 일도 재미있지 않은 일도 존재하지 않는다. 재미있게 일하는 방법과 재미없게 일하는 방법만이 있을 뿐이다.

《자신의 부가가치를 최고로 높이는 방법》

도움되는 사람을 만든다

본래 도움이 안 되는 사람이란 없다. 도움이 되는 사람으로 만드는 방법과 쓸모없는 사람으로 만드는 방법이 있을 뿐이다.

《자신의 부가가치를 최고로 높이는 방법》

스스로 묻고 대답한다

'나는 무엇이 되고 싶은가?', '무엇이 나의 진정한 희망이고 꿈인가?' 이것을 계속해서 묻고 대답해야 내공이 단단한 고수로 거듭날 수 있다.

《일경컴퓨터》 2008년 3월 24일

강
점

'이것만큼은 잘한다' 하는 한 가지 강점을 알아둔다. 어떤 분야든 상관없다. 누구도 자신을 대신할 수 없는 수준에 도달하는 것을 목표로 해야 한다.

《즉전력》

진정한 관리자

고객에게 해야 할 일을 100이라고 하고 부하직원이 할 수 있는 일을 X라고 치자. '100 − X = 자기 일'이라고 생각하는 사람이 진정한 관리자다.

《프로페셔널의 4가지 조건》

프로페셔널

프로페셔널은 감정을 조절하고 이성적으로 행동하는 사람이다. 전문적인 지식과 기술, 바람직한 윤리관은 물론이고 고객제일주의와 끝없는 호기심, 자기계발 능력, 엄격한 규율, 이 모든 것을 빠짐없이 겸비한 사람을 프로페셔널이라고 부른다.

《프로페셔널의 4가지 조건》

5년만 노력해보라

프로가 되고 싶은가? 더도 덜도 말고 5년만 계속해보라. 그러면 반드시 변화가 일어날 것이다. 인간의 능력은 나이의 많고 적음과 상관없이 변한다. 따라서 인생을 바꿀 수 있는 기회는 언젠가 찾아온다.

《일경컴퓨터》 2008년 3월 24일

의식 전환

의식을 바꾸는 데는 돈이 들지 않는다.

《일경컴퓨터》 2008년 3월 24일

더 생각한다

남보다 2배 생각하는 사람은 10배의 수입을 올릴 수 있다. 3배를 생각하는 사람은 100배의 돈을 벌 수 있다.

《돈 잘 버는 사람은 머리를 어떻게 쓸까》

넓은 시야

밥벌이가 될 수 있는 일은 시시각각 변하기 때문에 인간문화재가 되는 것을 원하지 않는 이상, 한 분야에 지나치게 몰두하지 말고 항상 넓은 시야를 가져야 한다.

《유희심》

판단력

새로운 사고만으로는 충분하지 않다. 어떠한 스케줄에 따라 행동해야 하는지, 얼마만큼의 실적을 올릴 것인지 정확히 판단해야 한다.

《샐러리맨 리커버리》

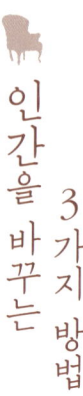

인간을 바꾸는 3가지 방법

인간을 바꾸는 방법은 3가지뿐이다. 시간을 달리 쓰는 것, 사는 곳을 바꾸는 것, 새로운 사람을 사귀는 것, 이 3가지 방법이 아니면 인간은 바뀌지 않는다. '새로운 결심을 하는 것'은 가장 무의미한 행위다.

《프레지던트》 2005년 1월 17일

조금 먼 길이 오히려 지름길일 때가 있다.
먼 길 위에서야 비로소 제대로 주위를 둘러볼 수 있을 때도 있다.
먼 길을 택해도 가끔은 시간이 남는다.
결국에는 같은 곳, 혹은 더 좋은 곳에 다다르게 된다.

아내와의 약속

어느 날, 아내가 "가끔은 저녁 같이 해요" 하고 말했다. 비서한테 연락해 약속을 잡으라고 하자 아내는 불같이 화를 냈다. "부부가 저녁을 먹는데 왜 비서를 통해야 하나요? 아내와 보낼 시간은 없어요?" 하고 정곡을 찌르는 바람에 아내의 화가 풀릴 때까지 사과를 했다. 그 후 나는 연간 휴가 계획을 세워둔다. 일을 위한 계획도 중요하지만 휴가 계획도 신중하게 생각해야 한다.

《샐러리맨 리커버리》

시간 배분

인생 설계란 결국 무엇에 얼마만큼의 시간을 투자할 것인가, 즉 시간 배분에 달려 있다.

《연봉 100배에 도전하라》

저녁식사는 대충하지 않는다

서른 즈음의 일이다. 만일 내가 마쓰시타 고노스케처럼 산다면 앞으로 몇 번 저녁식사를 하게 될까, 계산해 보았더니 1만 8,000번이라는 답이 나왔다. 1만 8,000번이라 할지라도 결국은 유한하다는 것을 알고부터 저녁식사를 대충하지 않게 되었다. 다음 저녁은 누구와 어디에서 먹을지 항상 신중히 계획한다.

《일경비즈니스 어소시에》 2011년 1월 4일

기회는 얼마 없다

동기부여란 결국 어떠한 일을 앞으로 몇 번 할 수 있느냐에 달렸다. 앞으로 기회가 얼마 남지 않았다는 사실을 알게 되면 대처하는 방식도 보다 정교해진다.

《일경비즈니스 어소시에》 2011년 1월 4일

스케줄을 짠다

시간을 효율적으로 쓰기 위해서는 능률적으로 일할 수 있는 방법을 평소에 생각해두어야 한다. 그렇게 하려면 개인적인 일과 비즈니스, 둘 모두의 스케줄을 짜둘 필요가 있다. 나의 경우에는 여름 휴가뿐 아니라 이발할 시간, 오프로드 바이크를 탈 시간을 위해서도 스케줄을 짠다. 이런 식으로 모든 행동의 스케줄을 짜보면 시간이 한정되어 있음을 잘 알게 되어 시간을 더욱 소중히 써야 한다는 생각을 다시 한 번 하게 된다.

《일경 IT 프로페셔널》 2003년 2월

생활의 간소화

내가 사소한 일에도 규칙을 정하는 데는 이유가 있다. 생활을 일정한 규칙에 따라 간소화하면, 사소한 일도 기억하기 쉽고 어떻게 처신해야 할지 일일이 고민하지 않아도 되기 때문이다. 티켓을 어디에 둘지, 수첩을 어디에 보관할지 등등, 소소한 일들을 두서없이 처리하는 사람은 쓸데없이 시간을 허비하게 된다.

《하고 싶은 것은 다 해라!》

가끔은 먼 길로 돌아간다

조금 먼 길이 오히려 지름길일 때가 있다. 먼 길 위에서야 비로소 제대로 주위를 둘러볼 수 있을 때도 있다. 먼 길을 택해도 가끔은 시간이 남는다. 결국에는 같은 곳, 혹은 더 좋은 곳에 다다르게 된다.

《하고 싶은 것은 다 해라!》

자기 인생

'남의 인생'을 사는 것은 최악이다. 부모가 기대하는 효자로 사는 인생, 선생님이 좋아하는 모범생으로 사는 인생, 상사가 바라는 이상적인 부하로 사는 인생 등이 그 예다. 그래서 즐겁다면 당장은 좋겠지만 결국 문제가 생긴다. 언젠가 그런 인생은 자기 것이 아니라는 사실을 깨닫게 되기 때문이다. '진실의 순간'은 반드시 찾아온다.

《하고 싶은 것은 다 해라!》

백지 상태

내 삶의 특징은 미련 없이 모든 것을 백지 상태로 되돌릴 수 있다는 점이다. 아깝다고 생각하면 지는 것이다.

《자신의 부가가치를 최고로 높이는 방법》

고민하라

모두가 고민 중이다. 인생이 무언지, 어떻게 살아가야 하는지 정답은 없다. 허나 내가 모르면 다른 사람도 모른다. 일찌감치 모른다고 인정하면 이기는 것이다. 조금이라도 빨리 생각하고 연구를 시작하면 앞서가게 된다. 그러다 보면 남에게 조언할 수 있는 것들이 조금씩 늘어난다.

《하고 싶은 것은 다 해라!》

잡담

국가의 문제, 세계경제에 대해서는 걱정하면서도 부모형제와는 가벼운 잡담조차 나누지 않는 내 자신을 발견하게 되었다. 우선 나부터 달라져야 함을 깨달았다.

《오마에 겐이치 패전기》

차라리 넘어져라

인생은 스키와 비슷하다. 넘어지지 않으려고 애를 쓰기보다 차라리 넘어져버리는 것이 낫다. 넘어지지 않으려고 버틸수록 계속 엉거주춤할 수밖에 없다. 실패를 두려워한다면 과감하게 새로운 일에 도전할 용기를 가질 수 없다.

《자신의 부가가치를 최고로 높이는 방법》

후회 없는 인생

죽음을 맞이하는 순간에 "괜찮은 인생이었다" 하고 말하려면 어떻게 살아야 할지 생각해두자. 그러면 인생이 단순해지고 고민 없이 편하게 잠을 이룰 수 있다.

《하고 싶은 것은 다 해라!》

오늘이 인생의 첫날

오늘 내 인생이 시작된다고 생각해보자. 오늘의 자신은 내일의 근원이다. 오늘을 어떻게 사느냐에 따라 내일이 달라진다.

《부모가 반대해도 아이는 한다》

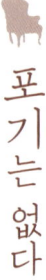
포기는 없다

인생은 마지막까지 포기해서는 안 된다. 그렇게 결심한 날부터 승자가 되기 위해 노력하게 된다.

《샐러리맨 리커버리》

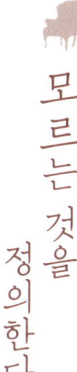

모르는 것을 정의한다

세상을 둘러보면 모르는 것들뿐이다. 하지만 당황하지 말고 먼저 자신이 무엇을 모르는지 확인한 후 알고 싶은 것들을 정의해보자. 자신이 알고 싶은 것만 집중적으로 조사하면 된다.

《일경 컴퓨터》 2008년 3월 24일

적당히 일하는가

세상에는 '적당한 수준의 노력'을 요구하는 일과 '100퍼센트 수준의 노력'을 필요로 하는 일, 두 가지가 존재한다. 프로페셔널은 이 차이를 빨리 인식하고 손을 쓴다.

《일경 컴퓨터》 2008년 3월 24일

평균치로는 안 된다

일을 할 때 결코 저지르면 안 되는 실수가 있다. 그중 하나가 평균치만큼 일하고 타협하는 것이다. 프로와 아마추어의 차이가 여기에 있다.

《일경 컴퓨터》 2008년 3월 24일

3

빨리
버릴수록
좋은 습관

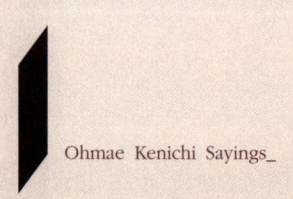

Ohmae Kenichi Sayings_

자만심

학교 성적이 좋았던 사람이 의외로 사회에서 뒤처지는 경우가 있다. '나는 다른 사람보다 낫다'는 자만심 때문에 매일의 노력을 게을리하기 때문이다.

《부모가 반대해도 아이는 한다》

눈치

'남이 뭐라고 하지는 않을까, 혹시 나를 비웃는 게 아닐까' 하고 두려워하는 사람들이 있다. 그만두라. 신경 써봤자 달라질 것은 없다.

《세계경제는 국경이 없다》

따라하기

맥도널드가 유명하다고 해서 5엔쯤 싼 햄버거를 파는 '도널드 덕'을 만들면 되겠는가? '따라하기'는 벤처 정신에 위배된다.

《뉴비즈니스 활안 학교》

망설임

나도 예전에 그 아이디어를 생각했었다고 말해봤자 아무 소용없다. '그녀는 괜찮은 여자야' 하는 생각만으로는 평생 내 여자를 만들 수 없다.

《뉴비즈니스 활안 학교》

무(無)개성

"나도 같은 의견입니다"라고 말하는 것은 '사고의 미숙함'을 만천하에 알리는 것과 다름없다. 나는 "같은 의견입니다"라고 말하는 학생에게 "반대합니다"라는 제목으로 글을 쓰라고 지시한다. 실은 찬성한다 해도 반대하기 위한 논거를 생각해보면 사고력을 키울 수 있다.

《NIKKEI BizTech》 No.007

타협

진정한 프로페셔널에게 '타협'은 있을 수 없다. 타협은 자신을 위한 변명으로 고객의 사정은 물론 비즈니스 파트너의 입장도 일방적으로 무시하는 안이한 태도다.

《프로페셔널의 4가지 조건》

안주

경험을 통해 얻은 교훈이 있다면 '성공의 아버지는 1,000명이나 되지만 그중 자식을 돌보는 아버지는 드물다'는 것이다. 즉, 성공의 원천이 자신이라고 믿는 사람은 많지만 성공한 후에 더욱 노력하는 사람은 많지 않다.

《세계 경제는 국경이 없다》

교만

도와준 사람들에 대한 은혜를 잊어버리고 내가 잘해 성공한 것이라 믿으며 교만하게 구는 사람은 사실 진정한 의미에서 성공을 거둔 것이 아니다. 성공한 사람들의 대부분은 배운 것에 대해 감사하는 마음을 잊지 않는다.

《뉴비즈니스 활안 학교》

경험을 통해 얻은 교훈이 있다면 '성공의 아버지는
1,000명이나 되지만 그중 자식을 돌보는 아버지는 드물다'는 것이다.
즉, 성공의 원천이 자신이라고 믿는 사람은 많지만
성공한 후에 더욱 노력하는 사람은 많지 않다.

기
다
림

내 사전에 '내일까지 기다린다'는 말은 없다.

《자신의 부가가치를 최고로 높이는 방법》

미루기

하고 싶은 것이 있으면 지금 바로 시작해야 후회가 남지 않는다. 하고 싶다는 생각이 들 때 당장 행동해야 한다. 잠시 후로 미루면 이미 늦은 것이다. 지금 즐거운 일이 나이가 든 후에도 즐거울 거라는 보장은 없기 때문이다.

《하고 싶은 것은 다 해라!》

무력감과 안일함

일본에 주재하는 한 외국인 특파원이 전해준 말이다. 위기에 직면했을 때 일본인들이 너무나 쉽게 "하는 수 없다"라고 말하는 것을 보고 많은 특파원들이 깜짝 놀랐다고 한다. 이러한 표현은 포기를 나타낸다. 또한 '어찌해야 할지 모른다'는 무력감과 위기에 익숙해지겠다는 안일함의 표현이다.

《오마에 겐이치 신자본론》

할 수 없다

오므론(구^舊다테이시 전기)의 창업자인 다테이시 가즈마_{立石一眞}는 인간이 계속 성장할 수 있다는 강한 신념을 갖고 "할 수 없다고 생각하지 말라, 어떻게 하면 가능한지 연구해보라"라고 말했다. 그는 어떤 어려움이 있어도 성공할 때까지 결코 포기하지 않고 끊임없이 연구해 혁신적인 제품을 세상에 내놓았다.

《프로페셔널의 4가지 조건》

사족

백지 상태라야 새로운 발상을 할 수 있다. 사족을 달지 말고 '이것만이 전부다'라고 생각하고 행동하라. 이것이 혁신의 조건이다.

《인터넷과 비즈니스 혁명》

그러나와 하지만

"그러나", "하지만"과 같은 말투는 경영 개선에 있어 백해무익하다.

《돈 잘 버는 사람은 머리를 어떻게 쓸까》

정신적 장벽

멘탈 블록mental block이라는 말이 있다. '그런 생각을 해서는 안 돼', '그런 생각을 할 수는 없어'와 같은 스스로 만든 정신적 장벽을 일컫는다. 창업가가 되려면 이런 정신적 장벽을 깨는 멘탈 블록 버스터mental block buster가 되어야 한다.

《뉴 비즈니스 활안 학교》

쓸모없는 가정

"결혼만 안 했으면 누구하고든 자유롭게 데이트할 수 있는데" 하고 말하는 사람들은 자신이 놓친 것만 생각하는 것이다. 결혼으로 어떤 행복을 얻었는지는 완전히 무시한다. 이것이 인간 심리다.

《세계 경제는 국경이 없다》

4

다름이 변화를 낳는다

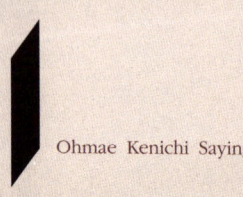

Ohmae Kenichi Sayings_

원점에서 바라보기

여러 제약들과 현실적 문제에서 벗어나 원점에서 생각하는 것을 두려워해서는 안 된다.

《오마에 겐이치의 신국부론》

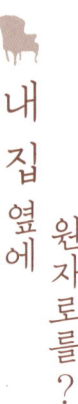

내 집 옆에 원자로를?

MIT 원자력 공학부의 명물 교수이자 맨해튼 계획*에도 참여한 톰슨^{G. P. Thomson}. 그는 원자로의 안전에 대해 강의하며 "핵기술자로서 지식을 운운하기 전에 당신의 집 옆에 원자로를 만든다고 생각해보라"고 말했다.

《오마에의 두뇌》

*1942년, 미국 정부가 수립한
  인류 역사상 최초의 핵무기 개발 계획

왜
?

나의 유일한 도구는 '왜?'다. 똑같은 상품을 파는 영업사원들 중 일부는 높은 실적을 올리는 반면, 나머지는 그렇게 못하는 것은 '왜'일까. 도쿄에서는 잘 팔리는 상품이 오사카에서는 거의 팔리지 않는 것은 '왜'일까. '왜?'라는 의문에 익숙해져야 답을 얻을 수 있다.

《뉴비즈니스 활안 학교》

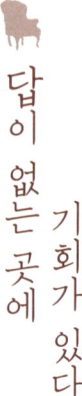

답이 없는 곳에 기회가 있다

명확한 답이 없을 때가 기회다. 전문가에게 물어도 흡족한 답을 얻지 못할 때에는 '상식'을 버리고 다른 방법을 모색해야 한다.

《신기업참모》

답은 스스로 찾는다

남이 가르쳐주는 답은 좁은 범위의 답일 때가 많다. 하나의 열쇠는 오직 하나의 자물쇠를 열 수 있다. 그러므로 '답을 스스로 생각하는 능력'을 길러야 한다. 사고력을 키우면 어떠한 문제가 주어져도 차분히 마주하며 답에 이를 수 있다.

《Think!》 2009 No.30

어설픈 지식

책을 읽고 어설픈 지식을 얻는 것은 두뇌 활동이 아니다. '이해했다'고 믿는 것이 인간에게 가장 위험하다.

《돈 잘 버는 사람은 머리를 어떻게 쓸까》

지식의 목적

지식은 분명 필요하지만 그것을 자랑할 이유는 없다. 조상의 지혜를 계속해서 익히고 자신이라면 어떻게 할까를 생각해야 한다.

《NIKKEI BizTech》 No.007

메모하는 방법

나는 무언가를 생각할 때 커다란 종이에 메모하는 버릇이 있다. 항상 종이의 왼쪽 아래에서부터 써나간다. 왼쪽 눈을 주로 사용하게 되므로 오른쪽 뇌를 자극할 수 있다. 또 오른쪽 윗부분은 항상 하얀 공간으로 남겨둔다. 그것을 보고 있으면 머릿속에 뭔가가 갑자기 떠오를 때가 많다.

《일경 컴퓨터》 2008년 3월 24일

남이 가르쳐주는 답은 좁은 범위의 답일 때가 많다.
하나의 열쇠는 오직 하나의 자물쇠를 열 수 있다.
그러므로 '답을 스스로 생각하는 능력'을 길러야 한다.
사고력을 키우면 어떠한 문제가 주어져도 차분히 마주하며 답에 이를 수 있다.

진정한 능력이란

정말 중요한 것은 필요할 때 요긴한 지식을 신속히 찾아내 그 지식을 바탕으로 논리적으로 사고할 수 있는 능력이다.

《오마에의 두뇌》

논리는 강하다

논리적 사고logical thinking와 논리적 대화logical conversation가 가능하면 어떤 환경에서도 가설 수립과 검증의 단계를 거쳐 답을 발견할 수 있기 때문에 세계 어디에서라도 살아남을 수 있다. 이것은 어학 능력 이전의 문제다.

《즉전력》

새로운 사고회로

세상의 모든 일에 관심을 갖고 사람과 사물, 자연을 관찰해본다. 그렇게 눈으로 보고, 머리로 생각하고, 새롭게 구상한다. 이러한 사고회로를 만드는 것이 공부의 목적이다.

《유희심》

관성 버리기

자신의 고정관념과 사고 습관에서 벗어나 사실에 의거해 생각하고 토론해보라. 바뀌어야 할 것은 자신이고, 자사自社라는 답을 얻을 것이다.

《프로페셔널의 4가지 조건》

아이디어의 원천

머릿속에 아이디어가 가득하기 위해서는 문제를 좁혀 가며 사고하고, 끊임없이 발상을 전환해야 한다.

《Think!》 2009 No.30

난제의 해법

어려운 문제, 전례가 없는 문제라도 최고의 답을 찾을 수 있다. 단, 그것은 현상이나 사건의 실체에 들어맞는 합리적인 분석을 통해 가능하다. 비선형적인 인간의 지력과 창조성을 동원하여 제각각인 수많은 요소들을 하나로 만들어내는 것, 그것이 필요조건이다.

《기업 경영과 전략적 사고》

5

무엇을
모르는지
끊임없이
물어라

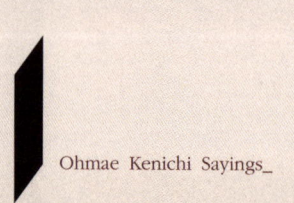

Ohmae Kenichi Sayings_

질문하지 않는 사람

뭐든지 아는 사람, 그래서 질문하지 않는 사람을 훌륭하다고 생각하는 사람들이 있는데 그것은 잘못된 생각이다. 내가 아는 한 세계 최고의 경영자들은 모두 왕성한 호기심을 갖고 질문을 던지는 사람들이다.

《Voice》 2003년 6월

사람이 곧 세계다

비행기에 타면 꼭 옆자리의 사람에게 말을 건다. 내 옆에는 나와는 다른 미지의 인물이 앉아 있다.

《AERA BUSINESS》 2009년 9월 20일

질문에서 시작하라

복잡하게 얽힌 일에 어떻게 대처해야 할지를 생각할 때에는 질문을 던진다. 그래야 비로소 근본적인 문제가 드러난다. 또한 나아가야 할 방향을 알 수 있다. "이것은 무엇인가?" 하는 질문에서 모든 것이 시작된다.

〈질문하는 힘〉

졸렬한 질문

고객에게 질문하는 방법도 각양각색이다. 그중 "신제품 아이디어에 고객의 희망사항을 적극 반영하겠습니다. 아이디어 하나 말씀해주실래요?" 하고 묻는 것이 가장 졸렬한 방법이다.

《뉴비즈니스 활안 학교》

설문조사의 의미

"설문조사 결과가 이렇게 나왔습니다" 하고 말하면 보통 '그런가 보다' 하고 받아들이는데, 나는 직접 시장조사를 꽤 해왔기 때문에 쉽게 수긍하지 않는다. '설문조사 책임자가 말하는 것이 진짜 핵심일까? 그것을 검증하기 위해서 나라면 어떻게 물었을까?' 계속 생각해보면 '결과는 어떻게 다르게 나왔을까' 하는 의문이 든다. 답이 다를 때가 상당히 많다.

《오마에의 두뇌》

멍청한 회의

기업의 회의에 참석하다 보면, 사실을 근거로 한 분석을 가지고 이치에 맞게 토론하는 경우가 거의 없다. 어떤 사람의 의견에 반대하려고 하면 서로 감정적이 되어 시비를 걸게 된다. 그래서 표면상으로는 논쟁이 없는 회의를 하려고 한다. 그러나 의견이 일치하지 않기 때문에 회의가 끝나면 같은 편끼리 술자리에 모여 "그 인간, 괘씸하다"라며 비판한다.

《NIKKEI BizTech》 No.007

원망하지 않는다

원래 토론하다는 뜻의 'discuss'라는 단어는 부정을 의미하는 'dis'와 원망을 의미하는 'cuss'가 합해진 말이다. 요컨대 반론을 제기해도 원망하지 않는다는 것이 'discussion'의 본래 의미다.

《프로페셔널의 4가지 조건》

'누가,' 보다 '무엇,'

'누가' 말했느냐에 얽매여서는 안 된다. '무엇을' 말했느냐에 주목하는 습관을 가져야 한다.

《프로페셔널의 4가지 조건》

가정법

영국과 미국의 앵글로색슨계 사람들과 북유럽 사람들은 'What, if~? (만일 ~하면 어떻게 하지?)'라는 가정법에 익숙해 논리적으로 답하는 것이 일상화되어 있다. 언어학적으로도 "~하면 ~ 하므로 그렇게 되지 않으려면~"이라는 말을 사용해 토론하기 쉽다.

《프레지던트》 2010년 8월 2일

고집과 선입관

사고방식이 완전히 다른 사람과 토론을 하면 자신이 고집하는 생각이 뚜렷하게 드러난다. 상대의 주장에 의해 논거가 흔들린다면 자신이 어떠한 고정관념과 선입관을 가졌는지 알 수 있다.

《Think》 2009 No.30

비행기에 타면 꼭 옆자리의 사람에게 말을 건다.
내 옆에는 나와는 다른 미지의 인물이 앉아 있다.

관계
지능

자국민보다는 외국인, 비슷한 세대보다는 나이 차이가 나는 세대, 동성보다는 이성, 고향이 같은 사람보다는 다른 사람, 동종업계의 사람보다는 다른 직종의 사람······. 이렇게 자신과 다른 사람과도 원활하게 커뮤니케이션하는 것은 샐러리맨에게 있어 중요한 자질이다. 자신과 다른 사람들이야말로 귀중한 정보의 매개체이다.

《연봉 100배에 도전하라》

변화를 만드는 사람

문제점만 지적해서는 아무 변화도 일어나지 않는다. 논리적인 판단력을 근거로 새로운 제안을 하는 사람들이 회사를 변화시킬 수 있다.

《자신의 부가가치를 최고로 높이는 방법》

컨설턴트의 역할

이것도 중요하고 저것도 중요하며 이런저런 것 모두를 고쳐야 한다고 조언하는 컨설턴트를 절대 믿어서는 안 된다. 어떻게 하면 그 조언을 따를 수 있는지를 알려주지 않는다면 조언 자체가 무의미한 것이다.

《돈 잘 버는 사람은 머리를 어떻게 쓸까》

당당한 말하기

"저는 ~라고 생각합니다" 하고 자신 있게 말하는 훈련을 꾸준히 한 사람만이 최고 경영자에게 힘이 되며, 또한 스스로 훌륭한 최고 경영자가 될 수 있다.

《샐러리맨 '재기동' 매뉴얼》

요약하는 연습

프레젠테이션을 잘하려면 요약하는 연습을 꾸준히 해야 한다. 구체적으로 어떻게 해야 하는가? 나는 베스트셀러 소설을 읽고 왜 베스트셀러가 되었을지 논리적으로 생각해본 후, 요약해 설명하는 훈련을 한다.

《샐러리맨 '재기동' 매뉴얼》

진정한 의사소통

사실이라 할지라도 자사의 약점을 정확히 지적당하면 기분이 좋지 않다. '그렇게까지 말할 건 없잖아' 하는 생각도 든다. 그래서 말씨나 태도, 설득하는 방법이 중요하다. 능숙한 컨설턴트는 수집한 정보를 모두 전해주어 최고 경영자로 하여금 '원인은 ~이 아닐까'라고 스스로 생각하게 만든다.

《샐러리맨 리커버리》

상대의 말에서 힌트를 찾아라

자신이 하고 싶은 말뿐 아니라 상대가 하고 싶은 말, 틀림없이 하게 될 말을 고려하며 대화한다. '이 부분에서는 강하게 말하자!' 하고 물러서지 않아야 할 때도 있고, 상대가 할 말을 추측한 후 논리적으로 반박해 승부를 걸어야 할 때도 있다. 또 상대에게 공격할 틈을 주고 때를 기다렸다가 반론할 기회를 얻는 방법도 있다.

《오마에의 두뇌》

전달의 힘

메이지유신에 대해 사카모토 료마^{坂本龍馬}*나 사이고 다카모리^{西鄕隆盛}**의 이름을 말해봤자 외국인은 모를 뿐더러 흥미도 보이지 않을 것이다. 반대로 메이지유신의 의의와 일본이 근대화할 수 있었던 이유를 알기 쉽게 설명할 수 있으면 '이 사람은 일본을 통해 우리에게 의미 있는 사실을 말해준다!'라는 반응을 이끌어낼 수 있다.

《THE21》 2010년 2월

* 에도시대의 무사로 일본의 근대화를 이끈 실질적 인물
** 정치가로 메이지 유신의 중심적 인물

6

생각하기를 멈추지 말라

Ohmae Kenichi Sayings_

가설의 검증

스스로 답을 찾으려면, 논리적 토대 위에서 가설을 검증하기 위해 직접 조사해야 한다.

《자신의 부가가치를 최고로 높이는 방법》

돌다리도 두드려라

어떤 생각이 논리적이라고 여겨지면 대개는 거기서 사고를 멈춘다. 그러나 거기서 한 걸음 더 나아가 생각해 보면, 자신의 논리와 분석이 정말 옳은지 그른지 알 수 있도록 도와주는 정보들이 보일 것이다. 스스로 목표를 정하고 그 정보를 찾아내는 것이 중요하다.

《자신의 부가가치를 최고로 높이는 방법》

유연한 생각

현장의 소리를 정확히 들으려면 유연성^{flexibility}이 필요하다. 나는 현장에서 질문할 내용의 70~80퍼센트를 사전에 결정해두지만 누군가 흥미로운 말을 하거나, '이것이 어쩌면 더욱 중요한 사항일지도 모른다'라고 판단되면 즉각 질문을 바꾼다. 시간이 더 걸리더라도 그렇게 해야 확실한 데이터를 확보할 수 있다.

《돈 잘 버는 사람은 머리를 어떻게 쓸까》

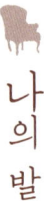
나
의
발

공부할 때 내가 가장 많이 사용하는 것은 '발'이다.

《프레지던트》 2005년 8월 29일

지구력과 사고력

대부분의 사람들은 가설을 세우고 바로 결론을 내버리지만, 진정한 승부는 다음 단계에서 결정된다. 문제 해결능력이란 가설을 증명해나가기 위해 부단히 노력하는 지구력인 동시에 그것이 정확하다고 결론지을 수 있을 때까지 철저히 검증하는 사고력이라고 할 수 있다.

《돈 잘 버는 사람은 머리를 어떻게 쓸까》

사실의 왜곡

사실을 조사하고 검증하는 것이 아니라 이미 합의한 가설을 검증하려 든다면 사실이 왜곡된다. '~하면 좋겠다'는 올바른 가설이 아니다.

《샐러리맨 리커버리》

공부할 때 내가 가장 많이 사용하는 것은 '발'이다.

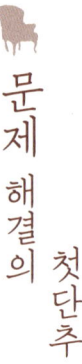

문제 해결의 첫 단추

문제 해결을 위한 첫 단계는 문제가 무엇인지부터 정확히 정의하는 것이다.

《nikkei BP net》 2009년 9월 29일

결론 없는 회의

대부분의 회의에서는 해결해야 할 문제가 불명확하기 때문에 결론이 나지 않는다.

《샐러리맨 '재기동' 매뉴얼》

무능한 경영자

무능한 경영자들은 문제점을 열거하고 그것만을 없애려고 한다. '개선'으로는 이어질 수 있지만 회사를 근본적으로 '혁신'할 수는 없다. 실적이 부진한 회사에 필요한 것은 발상의 전환과 새로운 사업 개발이다. 그 점을 인식하지 못하는 경영자가 많다.

《Voice》 2003년 6월

여러 대안을 찾는다

'이렇게 하는 것도 괜찮지 않을까?' 하고 여러 대안을 찾으면 어떤 문제가 중요한지 아닌지 명확하게 알 수 있다.

《오마에 겐이치의 신국부론》

능동적으로 생각한다

누가 시키지 않아도 '회사를 구하는 방책'을 생각하고 자신을 단련한다. 그리고 차례가 오기를 기다리면 된다.

《즉전력》

7

무엇을 무기로 싸울 것인가

Ohmae Kenichi Sayings_

3C

경영에 있어 어떠한 전략을 세울 때는 세 종류의 핵심 플레이어를 고려하지 않으면 안 된다. 기업^{Corporation}, 고객^{Customer}, 경쟁 상대^{Competitor}가 바로 그들이다.

《기업 경영과 전략적 사고》

최악의 경영자

고객이 아니라 경쟁 상대에 대한 전략을 세우는 경영자가 있는데 무의미한 일이다. 경쟁 상대를 이겨도 고객이 상품을 사주지 않는 경우가 많다. 반면 고객에게는 유용한 물건을 만들지만 경쟁 상대에 대한 배려를 잊어 참패하는 경영자도 있다. 가장 최악의 경영자는 고객과 경쟁 상대는 충분히 고려하면서도 기업의 이윤을 잊은 채 '만세!'를 부르는 사람이다.

《뉴비즈니스 활안 학교》

격을 파하라

경직된 시장에서 전략적 해법을 찾으려면 시장의 상식에 철저히 도전해야 한다.

《신 기업참모》

통찰은 창조의 원천

통찰력은 창조적이며 직감적이고 때로는 현실을 뛰어넘는 성질을 가진다. 그래서 분석적인 관점에서 보면 이치에 맞지 않는 것 같은 계획을 세우게끔 한다. 그러나 이러한 계획 속에는 번뜩이는 창조성과 의지가 담겨 있어 탁월한 경쟁력을 겸비하게 되는 것이다.

《기업 경영과 전략적 사고》

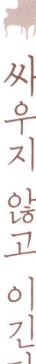

싸우지 않고 이긴다

가능한 한 경쟁을 피하는 법을 생각해야 한다. 《손자병법》에서는 '싸우지 않고 이기는 것'이 가장 훌륭한 전법이라 했다.

《세계 경제는 국경이 없다》

이기는 전략

새로운 기업 전략을 세우기 위해서는 가장 경쟁이 덜한 분야에서 가장 경쟁력 있는 수단을 찾아야 한다.

《신 기업참모》

가능한 한 경쟁을 피하는 법을 생각해야 한다.
《손자병법》에서는 '싸우지 않고 이기는 것'이 가장 훌륭한 전법이라 했다.

욕구를 읽어라

'고객의 욕구'를 철저히 따르는 사업가는 결코 실패하지 않는다. 3C^{company, consumer, competitor} 중에서 고객이 제일 중요하다. 고객이 좋은 에어컨을 원한다고 생각하면 큰 착각이다. 고객이 원하는 것은 좋은 에어컨이 아니라 쾌적한 실내 환경이다. 즉, 에어컨은 목적이 아니라 수단에 불과하다.

《뉴비즈니스 활안 학교》

아마추어

프로페셔널과 아마추어의 차이점은 고객을 대하는 태도에 있다.

《프로페셔널의 4가지 조건》

고객의 목소리

고객의 솔직한 의견을 들을 수 있는 회사를 만들어야 한다. 그리고 고객의 요구에 최대한 부응하는 제품을 최적의 장소에서 최강의 사람들과 만들어간다. 이 방법 밖에 없다. 콘텐츠든 서비스든 상품이든 평범하면 최고가 될 수 없다.

《뉴비즈니스 활안 학교》

조직의 혁신

조직에는 나쁜 점이 있기 마련이다. 어떤 조직이든 나쁜 점을 찾아보면 산더미만 할 것이다. 그러나 나쁜 점을 없애는 것만으로는 좋은 회사를 만들지 못한다. 좋은 회사를 만들기 위해서는 미래의 가치관에 맞게 회사를 혁신할 수밖에 없다.

《자신의 부가가치를 최고로 높이는 방법》

8

어떻게
리드할
것인가

1

Ohmae Kenichi Sayings_

예언자처럼

성공한 경영자의 이야기를 듣다 보면 마치 예언자처럼 의사를 결정한다는 점에 놀라게 된다. 그들은 어떠한 논리를 따지기 이전에 정확한 예상을 하고 모험에 뛰어들어 마침내 성공한다.

《신장판 기업참모》

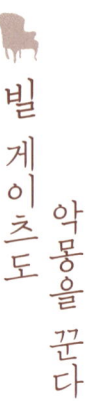

빌 게이츠도 악몽을 꾼다

마이크로소프트의 최고경영자라 할지라도 위기감 속에 산다. 예전에 빌 게이츠는 내게 이런 말을 해주었다. "내가 오늘 잘못 판단하면 내일이라도 회사는 망할 수 있습니다. 그런 꿈을 자주 꿉니다."

《프로페셔널의 4가지 조건》

기본으로 돌아가라

검도를 배울 때도 처음에는 기본 자세부터 익힌다. 실전에서 그대로 쓸 수 있는 것은 아니지만 그것을 변형해 다양한 상황에 대처할 수 있다. 의사결정도 이와 같다.

《THE21》 2009년 7월

어떻게 제약을 없앨 것인가

한 가지 문제라 할지라도 우선 해결해야 할 '제약'들이 여럿 포함되어 있다. 수많은 제약 가운데 가장 심각한 것을 어떻게 극복하느냐, 즉 어떻게 제거하느냐가 의사결정의 시작이다.

《THE21》 2009년 7월

경영자의 지우개

성공한 경영자일수록 '전언(前言)취소'라는 기법을 흔히 사용한다. 앞서 한 말을 잘 바꾼다는 것이다. 경영자는 커다란 지우개를 갖고 있다. 오늘날과 같이 회사, 고객, 경쟁상대의 사정이 빈번하게 변할 경우 어제 한 말을 깨끗이 지워버릴 필요가 있다.

《세계 경제는 국경이 없다》

이기려면 함께 가라

'정확하게' 답하는 것만으로는 효과가 없다. 한발 더 나아가 그 답을 집단이 공유하도록 만드는 것이 리더십이다.

《오마에의 두뇌》

'정확하게' 답하는 것만으로는 효과가 없다.
한발 더 나아가 그 답을 집단이 공유하도록 만드는 것이 리더십이다.

직원의 반응

경영자는 자신의 메시지에 직원들이 어떻게 반응하는지 반드시 알아야 한다.

《프로페셔널의 4가지 조건》

방향이 먼저다

37년간 경영 컨설턴트로 일한 내가 뼈저리게 느끼는 것이 있다. 리더는 '방향'을 정한 다음 '속도'를 정해야 한다는 것이다.

《최강국가 일본의 설계도》

선택과 집중

경영에서 리더가 할 일은 2가지다. 하나는 정확한 방향을 제시하는 것, 다른 하나는 할 것과 하지 않을 것을 명확히 정하는 것. 바로 '선택'과 '집중'의 문제다.

《프레지던트》 2009년 11월 30일

3가지 리더

리더의 스타일은 3가지다. 첫째는 공포를 주는 타입으로 독재자 혹은 군국주의자들이 여기에 해당된다. 두 번째 리더는 스스로 모범을 보여주는 타입이다. 유명한 경영자 중에는 솔선수범형이 많다.

세 번째 리더는 '잭 웰치$^{Jack\ Welch}$' 타입이다. 그를 공포 정치라고 비난하는 사람도 있는데, 나는 오히려 조직에 권한을 주어 참여를 이끄는 '힘을 실어주는^{empowerment} 리더'라고 생각한다.

《오마에의 두뇌》

잭 웰치의 경영

잭 웰치는 문제를 숨기지 않고 끄집어내 막힘없이 곧장 해결한다. '해결하지 않는 것이 악(惡)'이라는 사내 문화를 만든다. 그리고 해결에 공헌한 사람을 존경 받는 리더로 만든다. 그렇게 하면 사내에 무수한 리더가 생겨난다.

《오마에의 두뇌》

9

지적으로
부지런한가
나태한가

Ohmae Kenichi Sayings_

미래예측

미래는 갑자기 찾아 오지 않는다. 과거와 오늘의 연장 선상에 있다. 미래는 분명 어떠한 조짐을 보인다.

《돈 잘 버는 사람은 머리를 어떻게 쓸까》

날렵한 촉

사업을 한다는 것은 남이 생각하지 못한 것을 생각하는 일이기도 하다. 남들은 흘려듣는 우스갯소리도 자신의 촉수에 와 닿으면 그 속에 놓인 트렌드를 읽어야 한다.

《뉴비즈니스 활안 학교》

사업가의 조건

'5년 안에 초우량 기업으로 성장할 거라 예상되는 회사를 하나 선택하고 그 이유를 쓰시오.'

재미있게도 이 문제를 내면 10명 가운데 8.9명이 '도요타 자동차'라고 쓴다. 물론 도요타는 5년 후에도 초우량 기업이겠지만, 뻔한 답을 쓰는 사람은 창업가가 될 수 없으며 경영자로서도 적합하지 않다.

《샐러리맨 '재기동' 매뉴얼》

기업사명

현명한 경영자는 회사의 존립 기반과 그 착안점을 아름답고 자연스러운 일련의 문장으로 정리할 수 있다.

《신장판 기업참모》

지적 격차

비즈니스에 대한 힌트는 주위에 얼마든지 있다. 그것을 알아차릴 수 있느냐, 또한 새로운 지식을 흡수하고자 하는 호기심을 갖고 있느냐가 관건이다. 즉, 지적으로 부지런한가 나태한가의 차이가 수입의 크기를 좌우한다. 어떤 일이든 그것을 아는 사람과 모르는 사람이 있다. 바로 이 '지적 격차'에 비즈니스의 성패가 달린 것이다.

《연봉 100배에 도전하라》

호기심을 가진다

소니의 모리타 아키오盛田昭夫 전 회장은 호기심덩어리였다. 항상 정보의 안테나를 높이 세우고 궁금증이 생기면 누구에게라도 질문 공세를 펼치며 자신이 납득할 때까지 놓아주지 않았다.

《프로페셔널의 4가지 조건》

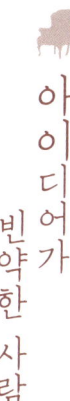

아이디어가 빈약한 사람

아이디어가 빈약한 사람은 자신의 아이디어가 옳다고 생각하기 때문에 끝까지 거기에 매달려 결국 실패한다.

《뉴비즈니스 활안 학교》

버리는 용기

아이디어를 많이 생각해내는 훈련을 해보라. 그러면 쓸모없는 아이디어를 버리는 용기가 생긴다.

《뉴비즈니스 활안 학교》

미래를 구상하는 사람은 어떤 계획을 세울 때, 전제를 만든다.
가령 디즈니월드의 경우, 전제가 되었던 철학은
아이들에게 재미를 줄 뿐 아니라 부모 역시
즐길 수 있는 장소를 제공하려는 것이었다.

 아이디어의 검증

새로운 아이디어가 떠오르면 계산과 실험으로 그 아이디어의 옳고 그름을 가려내야 한다. 그런데 아이디어 자체를 독창적이라고 여기는 풍조가 없지 않다. 아이디어는 구체적인 검증에 의해 비로소 의미를 갖는다. 이 당연한 사실을 모르는 사람이 의외로 많다.

《악마의 사이클》

자본가 입장에서 생각한다

돈을 빌리는 사업가가 아니라 돈을 빌려주는 '자본가의 입장'이 되어 자신의 아이디어를 따져보자. 리스크와 리턴^{return}(보상)에 대해 전혀 다른 시각을 갖게 될 것이다.

《다시 시작하자!》

크
리
에
이
터
의
눈

디즈니월드에는 세계 각지의 사람들이 몰려든다. 월트 디즈니는 광대한 늪지대를 본 순간, 전 세계 사람들이 찾아와 즐겁게 노는 모습을 떠올렸다. 그러나 대부분의 사람들은 늪지대를 그저 늪지대로 보았다.

《뉴비즈니스 활안 학교》

계획의 전제

미래를 구상하는 사람은 어떤 계획을 세울 때, 전제를 만든다. 가령 디즈니월드의 경우, 전제가 되었던 철학은 아이들뿐 아니라 부모 역시 즐길 수 있는 장소를 제공하는 것이었다.

《뉴비즈니스 활안 학교》

괴
짜
가
돼
라

21세기의 사업은 구상력이 없으면 그 형태를 짐작할 수 없다. 가령 래리 페이지$^{Larry\ Page}$와 함께 구글을 설립한 세르게이 브린$^{Sergey\ Brin}$을 창업 당시에 이해한 인간은 소수에 불과했다.

《오마에의 두뇌》

유일한 콘셉트

남들과 똑같지 않은 유일한 콘셉트를 가져야만 현대 사회에서 사업을 할 수 있다.

《오마에의 두뇌》

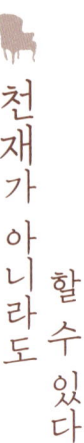

천재가 아니라도 할 수 있다

구상력은 일부 천재의 전유물이 아니다. 보통 사람도 새로운 것을 생각해낼 힘을 갖고 있다. 단지 경험이 부족할 뿐이다. 즉 머릿속에 구체적인 회로가 없는 것이다. 경험을 통해 구상력을 키우는 것이 중요하다.

《오마에의 두뇌》

구상력이 있는가

나는 비즈니스 스쿨에서 '모든 것을 한번 파괴해보라' 하고 가르친다. 뼈대도 뭣도 없는 허허벌판에서 맨몸으로 새로운 것을 만드는 힘을 키우는 것이다. 구축하는 힘, 보이지 않는 것을 보는 힘, 그것을 사업으로 만드는 힘, 즉 '구상력'을 키워주는 것이 나의 역할이라고 생각한다.

《오마에의 두뇌》

10

정신이 흐트러지면 진다

Ohmae Kenichi Sayings_

정답에 이르는 길

답이 없는 세계에서는 새로운 것에 도전해 시행착오를 경험하는 것이 중요하다. '리스크'를 감수하는 것이 정답에 이르는 유일한 길이다. 리스크를 무릅쓰고 답이 없는 길 위를 걸어야만 성과를 낼 수 있다.

《오마에의 두뇌》

계속하는 힘

한때 나이키의 사외 이사로 일한 적이 있다. 나이키의 창업자 필 나이트$^{Phil\ Knight}$는 이렇게 말했다. "사업을 성공시키는 것은 간단하다. 성공할 때까지 계속하면 된다. 마지막에는 결국 성공하는 것이다."

《일경 컴퓨터》 2008년 3월 24일

적극적인 사고

사업가가 되는 그 순간부터 적극적으로 사고해야 한다. 학창시절의 성적 우수자들이 '왜 일이 잘되지 않는지'에 대해 고민하고 있을 때 혼자 '어떻게 하면 잘될 수 있을지'를 생각하는 것은 통쾌한 일이다.

《다시 시작하자!》

한 사람의 OK

어떠한 사업을 해보겠다고 말했을 때 다수가 안 된다고 하면 포기하기 쉽다. 그러나 50명에게 물었을 때 단 1명이라도 "OK" 한다면 기회다.

《뉴비즈니스 활안 학교》

한마디로 정의한다

"우리 회사는 ~이다" 하고 한마디로 정의할 수 없는 회사는 뒤처진다. '너무 복잡해 한마디로는 표현할 수 없는 회사'는 고객 역시 이해할 수 없기 때문이다.

《다시 시작하자!》

가다듬으며 기다려라

정신이 흐트러지면 성공할 수 없다. '나에게는 이것뿐이다' 하는 사업을 끝까지 계속하는 것이 중요하다.

《다시 시작하자!》

어떠한 사업을 해보겠다고 말했을 때
다수가 안 된다고 하면 포기하기 쉽다.
50명에게 물었을 때 단 1명이라도 "OK" 한다면 기회다.

가업과 사업의 차이

처음에 하나를 늘리고, 다음에 또 하나를 늘리고, 그다음에도 하나를 늘렸다면 이제부터는 30개씩 늘린다. 30개씩 늘리는 방법을 생각하는 것이 사업이다. 이것이 가업과 사업의 차이다.

《뉴비즈니스 활안 학교》

사회에서의 성공

컨설팅을 하면서 다양한 사람, 특히 다양한 경영인들을 만났다. 또한 산업을 부흥시킨 사람들에 대해서 공부했다. 내가 내린 결론은 지능지수와 사회에서의 성공은 전혀 상관이 없다는 것이다.

《유희심》

성공을 믿는다

아무리 멋진 사업계획을 세웠더라도 '반드시 성공한다'
는 강한 신념이 없으면 성공할 수 없다.

《프로페셔널의 4가지 조건》

늘 준비하라

성공을 추구하지도 계획을 세우지도 않는 사람은 성공할 수 없다.

《기업 경영과 전략적 사고》

세계를 책임진다

중화사상中華思想은 어떤 면에서 보면 '내가 세상의 중심이다'라는 자만심을 의미한다. 하지만 '내가 세계의 진보를 맡겠다'는 일종의 사명감을 뜻할 수도 있다.

《악마의 사이클》

스스로를 넘어서라

남의 도움을 받지 않고 '스스로 할 수 있다'는 자신감을 갖지 않으면 안 된다. 실수를 되풀이하는 어리석음을 범하지 않으려면 자신감이 꼭 필요하다. 우주의 중심에 '출입금지' 푯말 따위는 없다.

《세계 경제는 국경이 없다》

11

나무 위에
올라 숲을
보라

Ohmae Kenichi Sayings_

집단 무책임제

전후(戰後)의 경제 고도성장이 최근 시들해진 모습이 눈에 띈다. 원인이 기회주의와 공동책임제에 있는 이상, 이를 바로 잡기 위해서는 집단 무책임제로 전환해야 한다. 즉, 집단이 아니라 개인이 각자 책임을 지고 매사를 생각하며 계획을 세우고 실행하는 방식이다. 높은 산을 오르려면 구체적인 계획과 그것을 이루겠다는 의지가 없으면 안 된다.

《기업참모》, 《신장판 기업참모》

사업의 명분

경영 환경이 크게 바뀐 지금, 새로운 환경에서 살아남기 위해서는 '왜 사업을 하는가?'에 대해 답해야 한다. 즉, 사업의 명분을 규정해야만 망설임에서 벗어날 수 있을 것이다.

《신기업참모》

애프터 게이츠

세계는 80년대 중반, 아니 정확히 말하면 1985년 7월 마이크로소프트의 '윈도우 1.0'이 나왔을 때부터 명확히 달라졌다.

《다시 시작하자!》

시장 자유화

시장 자유화 때문에 식량안보 문제를 걱정하는 사람이 많다. 이런 사람은 순진한 것이다. 소금이나 밀가루 같은 식료품이 자유화될 때 반대론자들 역시 그런 걱정을 했다.

《오마에 겐이치의 신국부론》

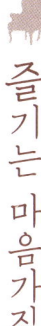

즐기는 마음가짐

현대의 혁신은 '유희심(여유와 익살을 잃지 않는 마음)' 덕분일 것이다. 유희심이란 자기를 발전시키고, 주위로 눈을 돌려 비뚤어진 것을 바로 하고자 하는 마음이기 때문이다. 유희심은 자기를 자기답게 만들고, 건물을 건물답게 하며, 거리를 거리답게 한다.

《유희심》

국민의 양면성

소비자^{consumer}로 행동할 때는 국경을 의식하지 않는 무국적자인데, 유권자^{voter}로서는 감정적이 되고 비합리성에 좌우되어 국수주의·보호주의를 옹호한다. 현대 선진국의 국제 문제는 이 양면성에 어떻게 대처해야 하느냐로 요약할 수 있다.

《평성유신》

위기를 극복하고 방향을 잃지 않기 위해서는
확고한 신념과 명확한 목표가 필요하다.

돈의 성질

돈^{money}은 돈이다. 세상에 이것만큼 순수한 합리성을 지닌 것은 없다.

《세계 경제는 국경이 없다》

아는 것이 힘이다

정보가 풍부해지면 국가가 거짓말을 해도 그것이 거짓이라는 것을 알 수 있다. 또한 드러커^{Peter Drucker}나 피터스^{Tom Peters} 같은 인물의 의견도 자유롭게 들을 수 있다. 따분한 선생님의 이야기는 더 이상 듣지 않아도 되는 것이다.

《인터넷과 비즈니스 혁명》

국가 간의 경쟁

21세기 국가 간 경쟁 속에서는 새로운 사회에 대응해 신속히 법률을 바꾸어야 살아남을 수 있다.

《인터넷과 비즈니스 혁명》

플랫폼

정보통신 혁명시대에 비즈니스의 열쇠를 쥐게 될 것은 플랫폼*이라고 생각한다.

《뉴비즈니스 활안 학교》

* 컴퓨터 시스템의 기반이 되는 하드웨어 · 소프트웨어

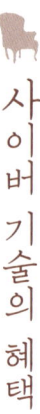

사이버 기술의 혜택

컴퓨터와 통신기술의 발전이 단순히 커뮤니케이션을 향상시키는 데 그칠 리 없다. 이 진보로 인해 소비자, 생산자, 인간을 둘러싼 환경, 특히 상업과 문명의 환경이 변할 것이다.

《오마에 겐이치의 신자본론》

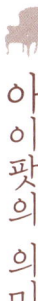

아이팟의 의미

사실 아이팟의 의미는 매우 크다. 의미도 크지만 파괴력은 더욱 크다. 아이튠스 뮤직 스토어 iTunes Music Store에서 'Music'이라는 단어가 사라지는 것은 시간 문제다.

《오마에의 두뇌》

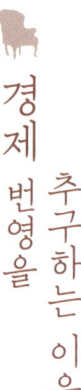

경제 번영을 추구하는 이유

왜 우리는 경제적 번영을 추구해야 하는가? 간단히 대답하자면, 사이버화가 진행된 세계 경제에서는 '승자'가 국경을 넘나들며 '패자'로부터 계속 부를 빼앗을 것은 물론이요, 그 구조가 고착화될 우려가 있기 때문이다. 오늘날 쇄국정책을 쓰며 "우리는 다른 나라의 부를 빼앗지 않을 테니, 우리의 부를 빼앗지 마시오" 하고 선언하는 일이 불가능하다는 것은 조금만 생각하면 누구나 알 수 있다.

《지식의 쇠퇴》

새로운 세계

지금 당신의 회사가 자국에서 일정한 위치에 올랐다 해도 언젠가는 한계에 부딪친다. 그것을 피하려면 국력이 신장하는 나라로 뻗어가는 수밖에 없다. 새로운 세계에서 사업을 하는 것이다. 그를 위한 노력이 아무리 힘들어도 '하겠다'고 결심을 하는 수밖에 없다.

《오마에의 두뇌》

12

변화를 읽는다는 것

1 Ohmae Kenichi Sayings_

보이지 않는 대륙

과거와 다른 점은 현재의 신대륙에는 육지가 없다는 것뿐이다. 신대륙은 우리 머릿속에만 존재한다. 그래서 이 신대륙을 "보이지 않는 대륙"이라고 부르기로 했다.

《오마에 겐이치 신자본론》

대혁명

최근 십수 년간 우리가 경험한 변화는 로켓에 필적할 만큼 빠르게 일어났고, 게다가 쉴 새 없이 지속되고 있다. 이것은 신대륙이 발견되었을 때의 대혁명과 같다.

《오마에 겐이치 신자본론》

4가지 경제 공간

보이지 않는 대륙은 상대하기에 만만치 않다. 실체 경제, 사이버 경제, 국경이 없는 경제, 멀티플 경제라는 서로 다른 차원의 4가지 경제 공간이 복잡하게 얽혀 기업 활동과 인간 생활을 바꾸려 한다. 기업들은 그중 실체 경제만을 볼 수 있다. 그래서 오류가 생겨난다.

《Think!》 2005 No.13

모두의 위기

보이지 않는 대륙에는 커다란 기회가 숨어 있다. 기회라는 것을 알아챈 사람은 성장 산업의 파도를 탈 수 있고, 그렇지 못한 사람은 돌연사를 면할 수 없다. 국가도 마찬가지다. 기회를 눈치 챈 나라는 번영하지만 그렇지 못한 나라, 알아도 움직이지 않은 나라는 쇠퇴할 뿐이다. 개인, 기업, 국가, 모두가 돌연사라는 위기에 노출되어 있다.

《오마에의 두뇌》

잘하는 놈과 못하는 놈

사이버 사회에는 잘하는 놈과 못하는 놈, 둘만이 존재한다. 그리고 이 둘의 격차는 급속히 벌어지고 있다.

《오마에의 두뇌》

노동의 가치

보이지 않는 대륙에서 인간은 항상 경매시장에 나오게 된다. 노동의 가치에 실증적으로 값을 매길 수 있는 것이다. 그것을 결정하는 것은 아비트리지^{Arbitrage}•다.

《오마에 겐이치의 신자본론》

• 차익거래. 동일 상품, 노동력이 지역에 따라
 다를 때 이익을 얻는 방법

자기부정과 자기혁신이야말로

보이지 않는 대륙으로 갈 수 있는 유일하고 확실한 패스포트다.

상처를 통해 배운다

정글에서 살아남을 수 있는 생존 기술은 많은 실패를 경험하고 온몸에 상처를 입어야만 배울 수 있는 것이다.

《프로페셔널의 4가지 조건》

자기부정과 자기혁신

자기부정과 자기혁신이야말로 보이지 않는 대륙으로 갈 수 있는 유일하고 확실한 패스포트다.

《오마에 겐이치의 신자본론》

세계 공통어

영국, 그리고 미국. 세계를 통치했던 두 국가가 우연히 2대에 걸쳐 영어를 사용했다. 그동안에 세계는 정보화·세계화 시대에 들어섰고 상호 통신의 욕구가 비약적으로 높아졌다. 그렇기 때문에 영어를 미국의 언어라 해석하는 것은 옳지 않다. 영어는 세계 공통어이다.

《유희심》

그림으로 말한다

볼 수 있는 사람과 볼 수 없는 사람이 함께 사는 신대륙에서는 숫자나 언어가 아닌 그림이 커뮤니케이션의 도구다. 그러므로 그림을 쉽게 설명할 수 있는 능력이 신대륙의 커뮤니케이션에 있어 가장 중요하다.

《샐러리맨 '재기동' 매뉴얼》

사업영역을 나누라

고객도 경쟁도 눈에 띄지 않는 '새로운 글로벌 스테이지'에서는 사업영역을 나누는 작업부터 시작해야 한다.

《Think!》 2005 No.13

정체성

보이지 않는 대륙에서 성공을 거두려면 에토스^{ethos}•를 자신의 말로 정의해야 한다.

《오마에 겐이치 신 자본론》

• 사회 집단이나 민족 등을 특징짓는 관습

13

더 나은 사회를 내다보다

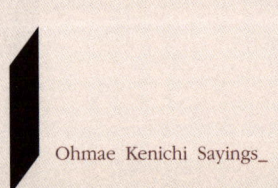
Ohmae Kenichi Sayings_

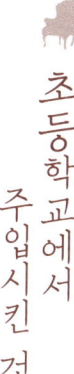

초등학교에서 주입시킨 것

전후 초등학교에서 철저히 주입시킨 것은 '어떻게 살아남을까' 하는 것이었다.

《기업 경영과 전략적 사고》

풍요로운 사회

'일한 만큼 풍요로워지는 것'이 바람직하다. 풍요에 있어서는 제한이 없는 사회가 되어야 사람들은 힘이 난다.

《nikkei BP net》 2010년 6월 21일

태
만
함

지금의 사회를 둘러보면 사람들이 얼마나 태만해졌는지 놀랄 정도다. 커뮤니티라는 개념을 상실한 공적 서비스는 타인과 행정에 기대고 있다.

《nikkei BP net》 2010년 8월 17일

민주주의 교육

민주주의를 부르짖으면서도 권리만 주장한다면 공공의 일원이 되어야 한다는 의무감이 크게 뒤떨어진다. 부자의 의무, 지역사회를 위한 의무는 잊어버리고 권리만 내세우는 것은 민주주의, 즉 의무와 권리는 하나라는 것을 제대로 가르치지 않기 때문이다.

《유희심》

규제뿐인 생활

규제가 많은 생활이라고 하면 왠지 답답할 것 같은데도 그렇게 받아들이지 않는 사람들이 있다. 규제가 있든 없든 상관하지 않는 것이다.

《악마의 사이클》

앞으로 나란히

초등학교 시절만큼 획일성을 잠재적으로 주입하는 시기는 없다. 올림픽 개회식을 보고 그런 인상을 강하게 받았다. '앞으로 나란히'식의 획일성은 대개 이 무렵에 심어진다.

《악마의 사이클》

보이지 않는 불합리

경제 합리성이 아니라 겉모습과 분위기, 현실과 관계없는 것에 대해서만 주의를 기울이면 실질 생활은 어려워진다. 보이지 않는 불합리에는 의외로 관대한 경향이 있다.

《유희심》

근본적인 원리

'자신의 외부에 답이 있다'라고 착각하기 쉽다. 어려운 일에 봉착하면 처음부터 '이 문제의 답은 어디 있을까' 하고 생각한다. '내가 해결해야 할 문제는 무언인가'를 생각하지 않고 오로지 답만 찾으려고 한다.

《일경 컴퓨터》 2008년 3월 24일

주입식 교육의 폐해

왜 질문하지 않을까. 국가 목표가 선진국을 따라잡는 것이라면 그들을 모방하기 위해서 배운 것을 기억해 재현해야 한다. 그래서 선생님이 칠판에 쓰는 것을 공책에 필기해 암기하는 교육이 이루어지는 것이다. 선생님은 항상 옳고, 교과서의 내용을 의심해서는 안 되며 말한 것을 그대로 외워야만 좋은 학생이 될 수 있었다.

《질문하는 힘》

허약한 국가

경제 성장을 이뤄내도 '허약한 국가'라는 꼬리표를 떼지 못하는 이유는 전략적 사고력이 부족하기 때문이라고 생각한다.

《기업참모》《'신장판' 기업참모》

파괴를 두려워하는 사람이 있는데,
오늘날의 번영은 지난날의 구체제를 철저히 부정하고 파괴했기 때문에 가능했다.
명확한 목적의식을 갖고 파괴한다면 재창조는 그리 어렵지 않다.
분명 새로운 지혜와 에너지가 솟아날 것이다.

적자생존

변화하는 현실을 인식하는 국가만이 번영할 수 있다. 《종의 기원》의 적자생존 법칙이 국가에도 적용되는 것이다. 20세기 이전에 월등히 뛰어났던 국가들도 21세기에는 '절멸종'으로 분류될 수 있다.

《nikkei BP net》 2010년 6월 2일

국가에도 이끼가 낀다

역사적으로 보면 국가가 아무리 뛰어난 이념을 가질지라도 오랫동안 바뀌지 않으면 이끼가 끼어 차츰 그 폐해가 커진다.

《평성유신》

최고의 국가는 없다

최고의 이념과 최고의 조직이란 존재하지 않는다. 보다 나은 이념, 보다 나은 조직만이 존재하고 끊임없이 변화한다. 시계추처럼 극과 극을 오고가는 변화에 적응해야 개혁이 진행되는 것이다.

《평성유신》

창조를 위한 파괴

파괴를 두려워하는 사람이 있는데, 오늘날의 번영은 지난날의 구체제를 철저히 부정하고 파괴했기 때문에 가능했다. 명확한 목적의식을 갖고 파괴한다면 재창조는 그리 어렵지 않다. 분명 새로운 지혜와 에너지가 솟아날 것이다.

《평성유신》

이단자의 시대

전환기에는 이단자들이 활약해주기를 기다리는 수밖에 없다. 이들은 지금까지의 우등생들이 할 수 없는 일을 해낸다. 종래의 우등생들은 답이 있는 세계에서 살아왔다. 상사가 답을 주면 그대로 실행했다. 그러나 네트워크가 만들어내는 사회에서는 답을 알 수 없다.

《인터넷과 비즈니스 혁명》

아이를 보라

아이에게는 "하고 싶은 일을 해라", "자기 생각을 우선해라" 하고 말하는 것이 위하는 길이다. 어른보다는 아이가 시대의 호흡에 민감하고 아이가 느끼는 세계가 옳기 때문이다.

《하고 싶은 것은 다 해라!》

4가지 책임

나는 아이들에게 '자신에 대한 책임, 가족에 대한 책임, 사회에 대한 책임, 국민으로서의 책임, 이 4가지만큼은 명심하고, 그런 다음에 자신이 좋아하는 일을 하라고 가르친다.

《하고 싶은 것은 다 해라!》

무엇을 가르칠까

'무엇을 위해 교육할까?'에 대해서 합의가 되지 않으면 '무엇을, 누가, 어떻게' 가르쳐야 하는지 알 수 없다. 지금의 교과 과정은 서구 귀족 교육의 기초가 되는 그리스 시대의 엘리트 교육 방식과 아카데미즘 우선 사상을 기본으로 한다. 그 근저에는 생활의 지혜나 현대에 필요한 최소한의 지식은 포함되어 있지 않다.

《오마에 겐이치의 신국부론》

교사의 역할

학생이 배우고 생각하는 것을 돕는 것이 교사의 유일한 일이다. 그렇게 하기 위해서는 학생이 의문을 가졌을 때 스스로 답을 찾도록 옆에서 도와주고 그 과정의 감동과 흥분을 함께 나누어야 한다. 교사의 가장 중요한 역할은, 가설을 검증하며 아무도 걷지 않은 길을 걸어갈 수 있도록 '용기'를 주는 것이다.

《오마에의 두뇌》

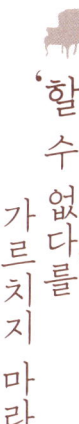

'할 수 없다,'를 가르치지 마라

오늘날의 교육은 '왜 할 수 없나'를 먼저 생각하도록 권장해왔다.

《다시 시작하자!》

구글에 답이 없을 때

구글에 검색해도 답이 나오지 않는 문제는 어떻게 풀어야 할지 스스로 생각해본다.

《일경 컴퓨터》 2008년 3월 24일

참고자료

| 책 |

《악마의 사이클魔のサイクル》
明文社 1973년   新潮文庫 1988년

《기업참모企業參謀》
プレジデント社 1975년   講談社文庫 1985년

《신기업참모続·企業參謀》
プレジデント社 1977년   講談社文庫 1986년

《기업경영과 전략적 사고ストラテジック·マインド》
プレジデント社 1984년   新潮文庫 1987년

《오마에 겐이치의 신국부론大前研一の新·国富論》
講談社 1986년   講談社文庫 1990년

《유희심遊び心》
學習研究社 1988년   新潮文庫 1991년

《평성유신平成維新》
講談社 1989년　　講談社文庫 1991년

《세계 경제는 국경이 없다ボーダレス・ワールド》
プレジデント社 1990년　　新潮文庫 1994년

《인터넷과 비즈니스 혁명インターネット革命》
プレジデント社 1995년

《오마에 겐이치의 패전기大前研一敗戦記》
文藝春秋 1995년

《다시 시작하자!さあ、やりなおそう!》
小学館 1996년

《부모가 반대해도 아이는 한다親が反対しても、子どもはやる》
ジャパンタイムズ 1996년　　PHP文庫 1998년

《자신의 부가가치를 최고로 높이는 방법サラリーマン・サバイバル》
小学館 1999년　　小学館文庫 2001년

《신장판 기업참모新装版 企業参謀》
プレジデント社 1999년

《샐러리맨 리커버리サラリーマン·リカバリ》

小学館 2000년

《오마에 겐이치의 신자본론大前研一 新·資本論》

東洋経済新報社 2001년

《하고 싶은 것은 다 해라!やりたいことは全部やれ!》

講談社 2001년　　講談社文庫 2005年

《질문하는 힘質問する力》

文藝春秋 2003년

《연봉 100배에 도전하라ドットコム仕事術》

小学館 2003년

《하프타임50代からの選択》

集英社 2004년

《돈 잘 버는 사람은 머리를 어떻게 쓸까考える技術》

講談社 2004년　　講談社文庫 2009년

《뉴비즈니스 활안 학교ニュービジネス活眼塾》

プレジデント社 2005년

《프로페셔널의 4가지 조건 ザ・プロフェッショナル》
ダイヤモンド社 2005년

《즉전력 即戦力の磨き方》
ＰＨＰビジネス新書 2006년

《글로벌 프로페셔널 ビジネス力の磨き方》
ＰＨＰビジネス新書 2007년

《샐러리맨 '재기동' 매뉴얼 サラリーマン'再起動'マニュアル》
小学館 2008년

《지식의 쇠퇴 '知の衰退'からいかに脱出するか?》
光文社 2009년

《최강국가 일본의 설계도 最強国家ニッポンの設計図》
小学館 2009년

《오마에의 두뇌 大前の頭脳》
日経BP社 2009년

| 잡지, 신문, 웹사이트 |

《AERA BUSINESS》朝日新聞出版
《nikkei BP net》日經BP社
《NIKKEI BizTech》日經BP社
《THE 21》PHP硏究所
《Think!》東洋經濟新報社
《Voice》PHP硏究所
《아사히신문朝日新聞》朝日新聞社
《일경 IT프로페셔널日經ITプロフェッショナル》日經BP社
《일경 컴퓨터日經コンピュータ》日經BP社
《일경 비즈니스 어소시에日經ビジネスアソシエ》日經BP社
《프레지던트プレジデント》プレジデント社